DENG XIAOPING BIOGRAPHY

邓小平传

中国历史名人传记

QING QING JIANG

江清清

PREFACE

I am excited to welcome you to the Chinese Biography series. In this series, we will discover lives of some of the most famous people from Chinese history. Each book will introduce a famous Chinese personality whose contributions were immense to shape China's future. The books in Biography series contain numerous lessons in Mandarin Chinese. We start with a brief introduction of the book in the preface (前言), a bit detailed introduction to the person, and continue to dig his life and relevant issues. Each book contains 6 to 10 chapters made of simple Chinese sentences. For the readers' convenience, a comprehensive vocabulary has been provided at the beginning of each chapter. The pinyin for the Chinese text is provided after the main text. Further, to enforce a deeper Chinese learning, the English interpretation of the Chinese text has been purposely excluded from the books. This would help the readers think deeply about the contents the way native Chinese do! In order to help the students of Mandarin Chinese remember important characters, words, long words, idioms, etc., these entities have been purposely repeated throughout the book, and across the books in the series. Taken together, the books in Biography series will tremendously help readers improve their Chinese reading skills.

If you have any questions, suggestions, and feedbacks, feel free to let me know in the review or comments.

You can find more about China and Chinese culture on my blog and Amazon homepage.

I blog at:

www.QuoraChinese.com

-Qing Qing

江清清

©2023 Qing Qing Jiang

All rights reserved.

MOST FAMOUS & TOP INFLUENTIAL PEOPLE IN CHINESE HISTORY

SELF-LEARN READING MANDARIN CHINESE, VOCABULARY, EASY SENTENCES, HSK ALL LEVELS

(PINYIN, SIMPLIFIED CHARACTERS)

ACKNOWLEDGMENTS

I am a blogger. It has been a long and interesting journey since I started blogging quite a few years ago.

The blogging passion enabled me to write useful contents. In particular, I have been writing about China, and its culture.

My passion in writing was supported by my friends, colleagues, and most importantly, the almighty.

I thank everyone for constantly inspiring me in my life endeavours.

CONTENTS

PREFACE 2
ACKNOWLEDGMENTS 4
CONTENTS 5
LIFE (人物生平) 8
WIVES OF DENG XIAOPING (邓小平的妻子们) 13
COLLEGE ENTRANCE EXAMINATION (恢复高考) 15
REFORM AND OPENING-UP (改革开放) 20
CONSTRUCTION OF SPECIAL ZONE (特区建设) 26
HONG KONG HANDOVER (香港回归) 32
INVITED TO THE UNITED STATES (应邀赴美) 37
DENG XIAOPING'S TALKS IN THE SOUTH (南方谈话) 41

前言

邓小平是继毛泽东之后的第二位领导奇才，如果说毛泽东是新中国的奠基者，那么邓小平则是新中国的建设者。有人说，毛泽东让中国站起来，邓小平让中国富起来，这话一点没错。邓小平在领导期间，建设性地提出了中国特色社会主义道路，针对香港澳门问题还提出了一国两制制度，实行改革开放制度，促成中美建交，建设经济特区，发表著名的"南方谈话"等等，使得中国此后的发展突飞猛进，一路高歌。虽然期间经历了文化大革命，中国的政治经济文化事业遭到了毁灭性的打击，但是邓小平用他的行动把落后的几十年追回来了，甚至反超了，这是多么了不起的壮举。邓小平的思想和主张统称为邓小平理论，在当今仍有很高的参考价值和借鉴意义。下面我们截取邓小平同志六个非常有名的故事，一起走近邓小平。

Dèngxiǎopíng shì jì máozédōng zhīhòu de dì èr wèi lǐngdǎo qícái, rúguǒ shuō máozédōng shì xīn zhōngguó de diànjī zhě, nàme dèngxiǎopíng zé shì xīn zhōngguó de jiànshè zhě. Yǒurén shuō, máozédōng ràng zhōngguó zhàn qǐlái, dèngxiǎopíng ràng zhōngguó fù qǐlái, zhè huà yīdiǎn méi cuò. Dèngxiǎopíng zài lǐngdǎo qíjiān, jiànshè xìng dì tíchūle zhōngguó tèsè shèhuì zhǔyì dàolù, zhēnduì xiānggǎng àomén wèntí hái tíchūle yīguóliǎngzhì zhìdù, shíxíng gǎigé kāifàng zhìdù, cùchéng zhōng měi jiànjiāo, jiànshè jīngjì tèqū, fābiǎo zhuó míng de "nánfāng tánhuà" děng děng, shǐdé zhōngguó cǐhòu de fā zhǎn tūfēiměngjìn, yīlù gāogē. Suīrán qíjiān jīnglìle wénhuà dàgémìng, zhōngguó de zhèngzhì jīngjì wénhuà shìyè zāo dàole huǐmiè xìng de dǎjí, dànshì dèngxiǎopíng yòng tā de xíngdòng bǎ luòhòu de jǐ shí nián zhuī huíláile, shènzhì fǎnchāole, zhè shì duōme liǎobùqǐ de zhuàngjǔ. Dèngxiǎopíng de sīxiǎng hé zhǔzhāng tǒngchēng wèi dèngxiǎopíng lǐlùn, zài dāngjīn réng yǒu hěn gāo de cānkǎo jiàzhí hé jièjiàn yìyì. Xiàmiàn wǒmen jiéqǔ dèngxiǎopíng tóngzhì liù gè fēicháng yǒumíng de gùshì, yīqǐ zǒu jìn dèngxiǎopíng.

LIFE (人物生平)

Deng Xiaoping (邓小平, 1904-1997), original name (原名) Deng Xiansheng (邓先圣) and also known as Deng Xixian (邓希贤), was one of the founding fathers (开国元勋) of the People's Republic of China (中华人民共和国). He was a great revolutionary, statesman, military strategist, diplomat, and a paramount leader of China in the post-Mao era. He successfully led China's reform and opening-up (改革开放), making China a global superpower.

Deng Xiaoping was born in Guang'an, Sichuan (四川广安). He joined school at the age of 5. After graduating from higher primary school (高小), he was admitted to Guang'an County Middle School (广安县中学). In the autumn of 1919, he was admitted in a Chongqing preparatory school to study for "work and study" program (勤工俭学) in France. In the summer of 1920, he went to France for the "work and study" program.

After returning to China, he devoted himself to the revolutionary struggle for China's independence led by the Party.

In 1922, he joined the Chinese Socialist Youth League (中国社会主义青年团), and in 1924 he became a member of the Communist Party of China (中国共产党党员). In early 1926, he went to the Soviet Union to study.

In the spring of 1927, he returned to China and was sent to Xi'an Feng Yuxiang National Army Allied Forces (西安冯玉祥国民军联军) to engage in political work. After the collapse of the first cooperation between the Kuomintang (国民党) and the Communist Party, he changed his name to Deng Xiaoping and attended an emergency meeting of the Central Committee of the Communist Party of China in Wuhan on August 7.

From 1928 to 1929, he served as secretary-general of the Central Committee of the Communist Party of China. In the summer of 1929, as a representative of the Central Committee, he went to Guangxi to lead the uprising, under the pseudonym Deng Bin (邓斌). In December and February of the following year, he and Zhang Yunyi (张云逸, 1892-1974) launched the Baise Uprising (百色起义) and the Longzhou Uprising (龙州起义) successively.

In October 1934, he joined the Long March (长征) of the Central Red Army (中央红军) and was appointed Secretary-General of the CPC Central Committee at the end of the year. In January 1935, he participated in the famous meeting of the Political Bureau of the Central Committee of the Communist Party of China (遵义会议, the Zunyi Meeting), which determined the new central leadership led by Mao Zedong (毛泽东, 1893-1976). He later served as the publicity director, deputy director, and director of the Political Department of the Red First Army.

From the Agrarian Revolution (土地革命), to the War of Resistance against Japanese Aggression (抗日战争), to the War of Liberation (解放战争), he successively held many important leadership positions in the Party and the army. He led numerous illustrious achievements for the implementation of a series of major strategic decisions of the Party Central Committee. His actions directly lead to the victory of the new democratic revolution, and the birth of New China (新中国). In September 1949, he was elected as a member of the Central People's Government and participated in the founding ceremony. Thus, he became a founding father of the People's Republic of China.

After the "Cultural Revolution" (文化大革命) began in 1966, he lost all leadership positions. From 1969 to 1973, he was assigned to work at the tractor repair factory (拖拉机修造厂) in Xinjian County, Jiangxi Province (江西省新建县). In March 1973, he resumed his post as vice premier of the State Council.

In January 1975, he served as Vice Chairman of the CPC Central Committee, Vice Premier of the State Council, Vice Chairman of the Central Military Commission and Chief of the General Staff of the Chinese People's Liberation Army. After Premier Zhou Enlai (周恩来/周总理, 1898-1976) became seriously ill, with the support of Mao Zedong, he presided over the daily work of the party, the state and the army, and carried out a comprehensive rectification of the chaotic situation caused by the "Cultural Revolution". Due to the framed accusations by the "Gang of Four" (四人帮), he was dismissed from all positions in April 1976.

Mao Zedong died on September 9, 1976. A period of political maneuvers was underway.

In October 1976, the "Gang of Four" was smashed and the "Cultural Revolution" ended. In July 1977, the Third Plenary Session of the Tenth Central Committee of the Communist Party of China resumed Deng's original leadership of the party, government and army. At the 11th National Congress of the Communist Party of China held in August 1977,

Deng was elected as the vice chairman of the Central Committee of the Communist Party of China. In March 1978, he was elected as the Chairman of the Fifth National Committee of the Chinese People's Political Consultative Conference.

The Third Plenary Session of the Eleventh Central Committee of the Communist Party of China held in December 1978 opened up a new period of China's reform and opening up and concentrated efforts to carry out socialist modernization. He played a decisive role in the historical shift in Chinese Communist Party policy at this conference.

He devoted a lot of effort to solving the problems of Hong Kong, Macau, and Taiwan and realizing the peaceful reunification of the motherland. He creatively put forward the concept of "one country, two systems" (一国两制). According to this concept, Hong Kong was returned to China in 1997, and Macau returned to China at the end of 1999.

On February 19, 1997, Deng Xiaoping died of illness in Beijing at the age of 93. Following the wishes of Deng Xiaoping and his relatives, Deng Xiaoping's ashes were scattered into the sea on March 2.

Deng Xiaoping was an outstanding leader who enjoys high prestige and respects in China.

He was the chief architect of China's socialist reform, opening up, and modernization. He was the founder of the China's path of socialism with Chinese characteristics (中国特色社会主义道路), and the founder of Deng Xiaoping Theory (邓小平理论).

His policies of "reform and opening up", and "one country, two systems" became well-known.

In 1978 and 1985, he was twice elected as "Person of the Year" (年度风云人物) by Time Magazine.

WIVES OF DENG XIAOPING (邓小平的妻子们)

Regarding his personal life, Deng Xiaoping married three times.

Deng Xiaoping's first wife was named Zhang Xiyuan (张锡瑗, 1906-1929/1930). Born in 1907, she was 3 years younger than Deng Xiaoping. When she was young, she participated in the student movement, and was later sent by the party organization to study at Sun Yat-sen University in Moscow. During this period, she met Deng Xiaoping and got married in early 1928. However, unfortunately, in January 1930, Zhang Xiyuan fell ill due to dystocia (难产, difficulties in giving birth) and died. The daughter, who was difficult to give birth to, died a few days later. It can be imagined how hard the death of his wife and daughter was to him! However, because of the urgent military affairs in Guangxi, Deng Xiaoping left Shanghai in a hurry before he could even bury his wife. Nineteen years later, after he led the army to capture Shanghai, he went to search for Zhang Xiyuan's tomb as soon as he came to the city, found the remains and put them in a small coffin. Before he had time to bury it, he and Liu Bocheng (1892-1986, 刘伯承) led the troops into the southwest again. In 1969, Zhang Xiyuan's coffin was buried in the Shanghai Martyrs Cemetery (now known as Longhua Revolutionary Cemetery, 龙华革命公墓). In the 1990s, when Deng Xiaoping went to Shanghai in his later years, he still asked his children several times to visit the cemetery to pay homage to Zhang Xiyuan's cemetery.

Deng Xiaoping's second wife was Jin Weiying (金维映, 1904-1941), and people called her A Jin (阿金). She was about the same age as Deng Xiaoping and met him in Shanghai in 1931. In mid-July of the same year, they were both sent to work in Jiangxi Province, and they walked together all the way, and later became husband and wife. Jin Weiying was involved in the student movement, women's movement, and labor movement in her early years. She was a capable female Red Army cadre. In 1934, she participated in the 25,000-mile Long March of the Red Army and was one of dozens of female fighters in the Red Army who participated in the Long March. In 1938, the organization sent her to the Soviet Union for medical treatment. A few years later, while she was being treated in a hospital on the outskirts of Moscow, she tragically died in the war.

Regarding his last marriage, the third time he returned to Yan'an (延安) was the most rewarding, because he met Zhuo Lin (卓琳, 1916-2009), his third wife and lifelong partner. She was born into a wealthy family in Xuanwei County, Yunnan Province (云南省宣威县). She participated in revolutionary work in 1937 and joined the Communist Party of China in April 1938. She was an outstanding member of the Communist Party of China. Deng and Zhuo went through ups and downs for 58 years together; however, it is certain that in the 58 years of living together, Deng Xiaoping has a lot of affection for Zhuo Lin.

COLLEGE ENTRANCE EXAMINATION (恢复高考)

1	中国人	Zhōngguó rén	Chinese
2	高考	Gāokǎo	College entrance examination
3	陌生	Mòshēng	Strange; unfamiliar; inexperienced
4	可以说	Kěyǐ shuō	It is not too much to say; it is too much to say; so to speak
5	一个人	Yīgè rén	One
6	非常重要	Fēicháng zhòngyào	Extremely important; count for much; it makes all the difference that
7	转折点	Zhuǎnzhé diǎn	Turn; turning point
8	好好	Hǎohǎo	In perfectly good condition; all out; to one's heart's content; earnestly
9	考场	Kǎochǎng	Examination hall; examination room
10	邓小平	Dèngxiǎo píng	Deng Xiaoping (1904-1997), a paramount leader of China
11	到如今	Dào rújīn	Until now
12	七十	Qīshí	Seventy
13	历史上	Lìshǐ shàng	Historically; in history
14	毁灭性	Huǐmiè xìng	Devastating
15	那就是	Nà jiùshì	That is; That is to say
16	文化大革命	Wénhuà dàgémìng	The Great Proletarian Cultural Revolution
17	整改	Zhěnggǎi	Rectify and reform

18	那就是	Nà jiùshì	That is; That is to say; Someone
19	万万	Wàn wàn	Absolutely; wholly
20	耽搁	Dāngē	Stop over; stay
21	唯有	Wéi yǒu	Only if; only; alone
22	科学教育	Kēxué jiàoyù	Science education
23	愈发	Yù fā	All the more; even more; further
24	群众	Qúnzhòng	The masses; general public
25	推荐	Tuījiàn	Recommend; recommendation
26	不公平	Bù gōngpíng	Unfair; injustice; inequity
27	才华	Cáihuá	Literary or artistic talent; rich talent; talent; gifts
28	施展抱负	Shīzhǎn bàofù	Realize one's aspirations
29	多么	Duōme	How; what
30	可悲	Kěbēi	Sad; lamentable; pitiable
31	普通人	Pǔtōng rén	The average person; ordinary people
32	出头	Chūtóu	Lift one's head; free oneself
33	全国各地	Quánguó gèdì	All over the country; everywhere in the country
34	悬殊	Xuánshū	Great disparity; wide gap
35	考生	Kǎoshēng	Candidate for an entrance examination; examinee
36	知青	Zhīqīng	School graduates
37	军人	Jūnrén	Soldier; serviceman
38	符合条件	Fúhé tiáojiàn	Meet a condition
39	洋溢	Yángyì	Be permeated with; brim with
40	笑容	Xiàoróng	Smiling expression; smile
41	热情	Rèqíng	Enthusiasm; devotion; warmth
42	当时	Dāngshí	Then; at that time
43	合影	Héyǐng	Have a group photo taken; group photo

44	珍贵	Zhēnguì	Valuable; precious; rare
45	照片	Zhàopiàn	Photograph; pin; picture
46	流传	Liúchuán	Spread; circulate; hand down; pass current
47	下来	Xiàlái	Come down; come from a higher place; go among the masses
48	当初	Dāngchū	At the beginning; originally; at the outset
49	恢复	Huīfù	Resume; renew; return to; recover
50	后来	Hòulái	Afterwards; later; then
51	改革开放	Gǎigé kāifàng	Reform and open; reform and open to the outside world
52	一大批	Yī dàpī	Host; rush
53	得以	Déyǐ	So that
54	快速发展	Kuàisù fāzhǎn	Rapid growth; develop rapidly; rapid expansion
55	感恩	Gǎn'ēn	Feel grateful; be thankful
56	同志	Tóngzhì	Comrade

Chinese (中文)

相信每个中国人对高考都不陌生，高考可以说是一个人生命当中非常重要的一个转折点，走好这一步至关重要。今天我们能够好好的坐在高考的考场里。也要感谢一个人，这个人就是邓小平。

我国从 1952 开始实施高考制度，到如今也有将近七十年了，但是在中国的历史上，有一段时期，高考遭到了毁灭性的打击，还被迫停止，那就是文化大革命，这一停，就是 11 年。

文化大革命结束后，百废待兴，但是邓小平知道，有一件事，必须立刻整改，那就是恢复高考的工作。邓小平知道教育是万万不能耽搁的，唯有科学教育才能使国家愈发强大，所以高考制度必须恢复。

消息一传出来，得到了大家积极的响应。之前都是搞群众推荐，这对于很多人来说是不公平的，他们空有才华却没有施展抱负的机会，是多么可悲啊！如果教育都得不到公平的保障，那么普通人很难有出头的机会。

所以在 1977 年，来自全国各地，年龄悬殊巨大，身份各异，五百多万的考生踏入了高考的考场。这其中包括工人，农民，知青，军人，学生等等，只要符合条件，都可以来。大家的脸上都洋溢着开心的笑容。

邓小平还热情的和当时的考生合影，这些珍贵的照片也流传了下来，现在我们仍然可以看到当初的照片。

正是因为恢复了高考制度，为后来的改革开放培养了一大批人才，中国也得以进入快速发展的时代，我们都应该感恩邓小平同志。

Pinyin (拼音)

Xiāngxìn měi gè zhōngguó rén duì gāokǎo dōu bù mòshēng, gāokǎo kěyǐ shuō shì yīgè rén shēngmìng dāngzhōng fēicháng zhòngyào de yīgè zhuǎnzhédiǎn, zǒu hǎo zhè yībù zhì guān zhòngyào. Jīntiān wǒmen nénggòu hǎohǎo de zuò zài gāokǎo de kǎochǎng lǐ. Yě yào gǎnxiè yīgè rén, zhège rén jiùshì dèngxiǎopíng.

Wǒguó cóng 1952 kāishǐ shíshī gāokǎo zhìdù, dào rújīn yěyǒu jiāng jìn qīshí niánle, dànshì zài zhōngguó de lìshǐ shàng, yǒuyīduàn shíqí, gāokǎo zāo dàole huǐmiè xìng de dǎjí, hái bèi pò tíngzhǐ, nà jiùshì wénhuà dàgémìng, zhè yī tíng, jiùshì 11 nián.

Wénhuà dàgémìng jiéshù hòu, bǎi fèi dài xīng, dànshì dèngxiǎopíng zhīdào, yǒu yī jiàn shì, bìxū lìkè zhěnggǎi, nà jiùshì huīfù gāokǎo de gōngzuò. Dèngxiǎopíng zhīdào jiàoyù shì wàn wàn bùnéng dāngē de, wéi yǒu kēxué jiàoyù cáinéng shǐ guójiā yù fā qiángdà, suǒyǐ gāokǎo zhìdù bìxū huīfù.

Xiāoxī yī chuán chūlái, dédàole dàjiā jījí de xiǎngyìng. Zhīqián dōu shì gǎo qúnzhòng tuījiàn, zhè duìyú hěnduō rén lái shuō shì bù gōngpíng de, tāmen kōng yǒu cáihuá què méiyǒu shīzhǎn bàofù de jīhuì, shì duōme kěbēi a! Rúguǒ jiàoyù dōu dé bù dào gōngpíng de bǎozhàng, nàme pǔtōng rén hěn nàn yǒu chūtóu de jīhuì.

Suǒyǐ zài 1977 nián, láizì quánguó gèdì, niánlíng xuánshū jùdà, shēnfèn gè yì, wǔbǎi duō wàn de kǎoshēng tà rùle gāokǎo de kǎochǎng. Zhè qízhōng bāokuò gōngrén, nóngmín, zhīqīng, jūnrén, xuéshēng děng děng, zhǐyào fúhé tiáojiàn, dōu kěyǐ lái. Dàjiā de liǎn shàng dū yángyìzhe kāixīn de xiàoróng.

Dèngxiǎopíng hái rèqíng de hé dāngshí de kǎoshēng héyǐng, zhèxiē zhēnguì de zhàopiàn yě liúchuánle xiàlái, xiànzài wǒmen réngrán kěyǐ kàn dào dāngchū de zhàopiàn.

Zhèng shì yīnwèi huīfùle gāokǎo zhìdù, wèi hòulái de gǎigé kāifàng péiyǎngle yī dàpī réncái, zhōngguó yě déyǐ jìnrù kuàisù fāzhǎn de shídài, wǒmen dōu yīnggāi gǎn'ēn dèngxiǎopíng tóngzhì.

REFORM AND OPENING-UP (改革开放)

1	恢复	Huīfù	Resume; renew; return to; recover
2	高考	Gāokǎo	College entrance examination
3	正轨	Zhèngguǐ	The right path
4	以后	Yǐhòu	After; later on; afterwards; later
5	脑子	Nǎozi	Brain
6	出来	Chūlái	Come out; emerge
7	点子	Diǎnzi	Idea; method; pointer; key point
8	那就是	Nà jiùshì	That is; That is to say; Someone
9	改革开放	Gǎigé kāifàng	Reform and open
10	发动	Fādòng	Start; launch; engine on; get started
11	带领	Dàilǐng	Lead; head; guide
12	大家	Dàjiā	Great master; authority
13	冲破	Chōngpò	Breakthrough; breach; burst
14	束缚	Shùfù	Tie; bind up; fetter; bound
15	解放思想	Jiěfàng sīxiǎng	Emancipate the mind
16	其次	Qícì	Next; secondly; then
17	论述	Lùnshù	Discuss; expound; relate and analyze
18	当前	Dāngqián	Before one; facing one; present; current
19	重心	Zhòngxīn	Heart; core; focus; key point
20	经济建设	Jīngjì jiànshè	Economic construction
21	之上	Zhī shàng	On; above; over

22	全面发展	Quánmiàn fāzhǎn	Develop in full scale; all round development; develop in an all-round way
23	由此	Yóu cǐ	From this; therefrom; thus
24	外部环境	Wài bù huánjìng	External environment
25	和平	Hépíng	Peace; mild
26	于是	Yúshì	Thereupon; hence; consequently; as a result
27	外交	Wàijiāo	Diplomacy; foreign affairs
28	友好	Yǒuhǎo	Close friend; friend; friendly; amicable
29	尖叫	Jiān jiào	Scream
30	宽松	Kuānsōng	Loose and comfortable
31	针对	Zhēnduì	Be directed against; be aimed at; point at; counter
32	本国	Běnguó	One's own country
33	国情	Guóqíng	The condition of a country; national conditions
34	借鉴	Jièjiàn	Use for reference; draw lessons from; draw on the experience of
35	国外	Guówài	External; overseas; abroad
36	经验	Jīngyàn	Experience; go through
37	创造性	Chuàngzào xìng	Creativeness; creativity
38	社会主义	Shèhuì zhǔyì	Socialism
39	市场经济	Shìchǎng jīngjì	Market economy; market-oriented economy
40	计划经济	Jìhuà jīngjì	Planned economy
41	激发	Jīfā	Arouse; stimulate; set off; stir up
42	经济发展	Jīngjì fāzhǎn	Economic development

43	缓慢	Huǎnmàn	Slow
44	社会主义制度	Shèhuì zhǔyì zhìdù	Socialist system
45	相结合	Xiāng jiéhé	Adjoin, combine
46	事实证明	Shìshí zhèngmíng	Proof by facts
47	绘制	Huìzhì	Draw
48	宏伟	Hóngwěi	Magnificent; grand
49	壮观	Zhuàngguān	Grand sight; magnificent sight
50	蓝图	Lántú	Blueprint; blue print drawing; positive print
51	行走	Xíngzǒu	Walk; run; go on foot
52	深谋远虑	Shēnmóu yuǎnlǜ	Know what is going to happen; be circumspect and farsighted
53	眼光	Yǎnguāng	Eye; sight; foresight; insight
54	贫穷	Pínqióng	Poor; needy; impoverished; privation
55	落后	Luòhòu	Fall behind; lag behind; backward
56	国际地位	Guójì dìwèi	International prestige; international status
57	低下	Dīxià	Low; lowly
58	四十	Sìshí	Forty
59	过去了	Guòqùle	Pass away; die
60	经济体	Jīngjì tǐ	Economy; Economies; Member Economy
61	享有	Xiǎngyǒu	Enjoy
62	举足轻重	Jǔzú qīngzhòng	Play a decisive role; carry a big weight in
63		Huīfù	
64		Gāokǎo	

Chinese (中文)

在恢复高考的工作进入正轨以后，邓小平脑子里又想出来了一个新点子，那就是改革开放。

1978 年，在十一届三中全会上，邓小平发动了关于真理标准的讨论，在思想上带领大家冲破束缚，首先解放思想。

其次，邓小平还特别论述了当前的工作重心应该放在经济建设之上，全面发展建设，改革开放由此开始。

邓小平对于改革开放，做出了全方位的设计。针对外部环境，邓小平看到了和平发展是时代的趋势，于是邓小平开展积极外交，与其他各国友好尖叫，为我国改革开放创造了良好宽松的外部环境。

在针对本国的问题上，邓小平在结合本国国情和借鉴国外经验的基础上，创造性的提出了社会主义也可以搞市场经济。

由于之前中国实施的是高度集中的计划经济，并没有充分的激发市场的主体地位和活力，所以经济发展比较缓慢。如今社会主义制度与市场经济相结合，充分的发挥了市场主体作用，为中国的发展开辟出了一条新的道路，也杀出了一条血路。事实证明，邓小平的这个决策是正确的。

邓小平还提出了三步走的发展战略，为今后中国发展绘制了宏伟而壮观的蓝图，如今我们还行走在邓小平制定的这个三步走战略之中，并且一步一步实现，可见邓小平的深谋远虑，以发展的眼光看问题。

这没有实施改革开放之前，中国既贫穷又落后，国际地位也十分低下。实施改革开放的四十年过去了，中国成为了世界第二大经济体，在国际上也享有举足轻重的地位，这便是中国速度！

Pinyin (拼音)

Zài huīfù gāokǎo de gōngzuò jìnrù zhèngguǐ yǐhòu, dèngxiǎopíng nǎozi lǐ yòu xiǎng chūláile yīgè xīn diǎnzi, nà jiùshì gǎigé kāifàng.

1978 Nián, zài shíyī jiè sān zhōng quánhuì shàng, dèngxiǎopíng fādòngle guānyú zhēnlǐ biāozhǔn dì tǎolùn, zài sīxiǎng shàng dàilǐng dàjiā chōngpò shùfù, shǒuxiān jiěfàng sīxiǎng.

Qícì, dèngxiǎopíng hái tèbié lùn shù liǎo dàng qián de gōngzuò zhòngxīn yìng gāi fàng zài jīngjì jiànshè zhī shàng, quánmiàn fāzhǎn jiànshè, gǎigé kāifàng yóu cǐ kāishǐ.

Dèngxiǎopíng duìyú gǎigé kāifàng, zuò chūle quán fāngwèi de shèjì. Zhēnduì wàibù huánjìng, dèngxiǎopíng kàn dàole hépíng fāzhǎn shìshídài de qūshì, yúshì dèngxiǎopíng kāizhǎn jījí wàijiāo, yǔ qítā gèguó yǒuhǎo jiān jiào, wèi wǒguó gǎigé kāifàng chuàngzàole liánghǎo kuānsōng de wàibù huánjìng.

Zài zhēnduì běnguó de wèntí shàng, dèngxiǎopíng zài jiéhé běnguó guóqíng hé jièjiàn guówài jīngyàn de jīchǔ shàng, chuàngzàoxìng de tíchūle shèhuì zhǔyì yě kěyǐ gǎo shìchǎng jīngjì.

Yóuyú zhīqián zhōngguó shíshī de shì gāodù jízhōng de jìhuà jīngjì, bìng méiyǒu chōngfèn de jīfā shìchǎng de zhǔtǐ dìwèi hé huólì, suǒyǐ jīngjì fāzhǎn bǐjiào huǎnmàn. Rújīn shèhuì zhǔyì zhìdù yǔ shìchǎng jīngjì xiāng jiéhé, chōngfèn de fā huī le shìchǎng zhǔtǐ zuòyòng, wéi zhōngguó de fǎ zhǎn kāipì chūle yītiáo xīn de dàolù, yě shā chūle yītiáo xuèlù. Shì shí zhèngmíng, dèngxiǎopíng de zhège juécè shì zhèngquè de.

Dèngxiǎopíng hái tíchūle sān bù zǒu de fǎ zhǎn zhànlüè, wéi jīnhòu zhōngguó fāzhǎn huìzhìle hóngwěi ér zhuàngguān de lántú, rújīn wǒmen hái xíngzǒu zài dèngxiǎopíng zhìdìng de zhège sān bù zǒu zhànlüè zhī zhōng, bìngqiě yībù yībù shíxiàn, kějiàn dèngxiǎopíng de shēnmóuyuǎnlǜ, yǐ fāzhǎn de yǎnguāng kàn wèntí.

Zhè méiyǒu shíshī gǎigé kāifàng zhīqián, zhōngguójì pínqióng yòu luòhòu, guójì dìwèi yě shífēn dīxià. Shíshī gǎigé kāifàng de sìshí nián guòqùle, zhōngguó chéngwéile shìjiè dì èr dà jīngjì tǐ, zài guó jì shang yě xiǎngyǒu jǔzúqīngzhòng dì dìwèi, zhè biàn shì zhōngguó sùdù!

CONSTRUCTION OF SPECIAL ZONE (特区建设)

1	深谋远虑	Shēnmóu yuǎnlǜ	Be farsighted and prudent; think in depth and plan carefully
2	不止	Bùzhǐ	More than; exceed; not limited to
3	敏锐	Mǐnruì	Sharp; acute; keen
4	观察到	Guānchá dào	Observe; survey
5	广东	Guǎngdōng	Guangdong
6	此时	Cǐ shí	This moment; right now; now; at present
7	可遇不可求	Kě yù bùkě qiú	Something that can only be found by accident, and not through seeking
8	缓和	Huǎnhé	Relax; allay; calm; ease up
9	外资	Wàizī	Foreign capital; foreign investment; foreign funds
10	毗邻	Pílín	Be adjacent to; adjoin; border on; be contiguous to
11	港澳	Gǎng'ào	HK and Macao; Hong Kong and Macao
12	沿海城市	Yánhǎi chéngshì	Coastal cities
13	海运	Hǎiyùn	Sea transportation; ocean shipping; ocean carriage; transport by sea
14	对外	Duìwài	External; foreign
15	窗口	Chuāngkǒu	Window; wicket; medium; intermediary
16	得天独厚	Détiān dúhòu	Be richly endowed by nature; be born under a lucky star

17	应当	Yīngdāng	Should; ought to; duty-bound; naturally
18	充分利用	Chōngfèn lìyòng	Fully utilize; make full use of
19	瞄准	Miáozhǔn	Take aim; aim; train on; lay
20	于是	Yúshì	Thereupon; hence; consequently; as a result
21	率先	Shuàixiān	Take the lead in doing something; be the first to do something
22	特区	Tèqū	Special area; special zone; special administrative region
23	深圳	Shēnzhèn	Shenzhen, location of a special economic zone in south China
24	珠海	Zhūhǎi	Zhuhai
25	试点	Shìdiǎn	Make experiments; conduct tests at selected points; launch a pilot project
26	不仅仅	Bùjǐn jǐn	More than; not only
27	大步	Dà bù	Stride
28	敞开	Chǎngkāi	Open wide; unlimited; unrestricted
29	怀抱	Huáibào	Embrace; carry in the arms
30	博大	Bódà	Vast; erudite; broad and profound
31	胸襟	Xiōngjīn	Mind; breadth of mind
32	在当时	Zài dāngshí	At that time; in those days; at the time
33	很大	Hěn dà	Great
34	争议	Zhēngyì	Dispute; argue; debate; controversy
35	有些人	Yǒuxiē rén	Some people; somebody;

			someone; Some people search for a fountain
36	租界	Zūjiè	Concession; foreign settlement; leased territory
37	没什么	Méishénme	It doesn't matter
38	顶住	Dǐng zhù	Withstand; stand up to; hold out against
39	流言蜚语	Liúyán fēiyǔ	Tattle and prate; a word of rumor; hearsay; lies and slanders
40	硬是	Yìngshì	Simply; just; actually (accomplish something hard)
41	福音	Fúyīn	Gospel; glad tidings; good news
42	经济特区	Jīngjì tèqū	Special Economic Zone
43	如火如荼	Rúhuǒ rútú	Like a raging fire; flaring like fire set to dry tinder; growing vigorously; massed together in splendid formation
44	名不见经传	Míng bùjiàn jīngzhuàn	Be not a well-known figure; be a nobody; little known; One's name is unknown here
45	小城市	Xiǎo chéngshì	Micropolis
46	国际化	Guójì huà	Internationalize; internationalization
47	大都市	Dà dūshì	Bigalopolis; large city; metropolis
48	三十	Sānshí	Thirty
49	发展速度	Fāzhǎn sùdù	Development speed
50	震惊	Zhènjīng	Shock; amaze; astonish; alarm
51	考察	Kǎochá	Inspect; investigate; make an on-the-spot investigation; examination
52	坚定	Jiāndìng	Firm; staunch; steadfast

53	想法	Xiǎngfǎ	Think of a way; do what one can; try
54	而后	Érhòu	After that; then
55	随之	Suí zhī	Then
56	设立	Shèlì	Establish; set up; found
57	越来越	Yuè lái yuè	More and more

Chinese (中文)

邓小平的深谋远虑还不止于此，在 1979 年，邓小平敏锐的观察到广东此时迎来了可遇不可求的机遇，在外交环境有了极大的缓和之后，很多外资要求来广东建厂，因为广东毗邻港澳，而且还是沿海城市，海运十分方便，也是对外的窗口，发展经济有着得天独厚的优势，应当充分利用起来。

邓小平也正是瞄准了这一点，于是想率先在广东搞特区建设，将深圳，珠海两座城市作为试点城市，开始了特区的第一步。

这不仅仅是特区建设的第一步，同时也是中国对外开放的一大步，这显示了我们向整个世界敞开怀抱，允许他们来中国投资，显示了我们博大的胸襟。

虽然在当时，特区的建设有着很大的争议，有些人认为这和当年的租界没什么两样，但是邓小平顶住了这些流言蜚语压力，硬是将特区建设起来了，因为他深知特区建设是能够给中国带来福音的。

在经济特区如火如荼的建设之中，深圳从一个名不见经传的小城市变成一个国际化现代化的大都市，用了不到三十年时间，可见深圳发展速度之快，这速度不仅让中国惊讶，让世界都震惊。

邓小平还去到经济特区考察，看着特区快速的发展，这更加坚定了邓小平搞经济特区的想法，而后还随之设立了其他的经济特区，开放水平也越来越高，对中国的发展起到了巨大的推动作用。

Pinyin (拼音)

Dèngxiǎopíng de shēnmóuyuǎnlǜ hái bùzhǐ yú cǐ, zài 1979 nián, dèngxiǎopíng mǐnruì de guānchá dào guǎngdōng cǐ shí yíng láile kě yù bùkě qiú de jīyù, zài wàijiāo huánjìng yǒule jí dà de huǎnhé zhīhòu, hěnduō wàizī yāoqiú lái guǎngdōng jiàn chǎng, yīnwèi guǎngdōng pílín gǎng'ào, érqiě háishì yánhǎi chéngshì, hǎiyùn shífēn fāngbiàn, yěshì duìwài de chuāngkǒu, fāzhǎn jīngjì yǒuzhe détiāndúhòu de yōushì, yīngdāng chōngfèn lìyòng qǐlái.

Dèngxiǎopíng yě zhèng shì miáozhǔnle zhè yīdiǎn, yúshì xiǎng shuàixiān zài guǎngdōng gǎo tèqū jiànshè, jiāng shēnzhèn, zhūhǎi liǎng zuò chéngshì zuòwéi shìdiǎn chéngshì, kāishǐle tèqū de dì yī bù.

Zhè bùjǐn jǐn shì tèqū jiànshè de dì yī bù, tóngshí yěshì zhōngguó duìwài kāifàng de yī dà bù, zhè xiǎnshìle wǒmen xiàng zhěnggè shìjiè chǎngkāi huáibào, yǔnxǔ tāmen lái zhōngguó tóuzī, xiǎnshìle wǒmen bódà de xiōngjīn.

Suīrán zài dāngshí, tèqū de jiànshè yǒuzhe hěn dà de zhēngyì, yǒuxiē rén rènwéi zhè hé dāngnián de zūjiè méishénme liǎngyàng, dànshì dèngxiǎopíng dǐng zhùle zhèxiē liúyán fēiyǔ yālì, yìngshì jiāng tèqū jiànshè qǐláile, yīnwèi tā shēn zhī tèqū jiànshè shì nénggòu gěi zhōngguó dài lái fúyīn de.

Zài jīngjì tèqū rúhuǒrútú de jiànshè zhī zhōng, shēnzhèn cóng yīgè míng bùjiàn jīngzhuàn de xiǎo chéngshì biàn chéng yīgè guójì huà xiàndàihuà de dà dūshì, yòng liǎo bù dào sānshí nián shíjiān, kějiàn shēnzhèn fāzhǎn sùdù zhī kuài, zhè sùdù bùjǐn ràng zhōngguó jīngyà, ràng shìjiè dōu zhènjīng.

Dèngxiǎopíng hái qù dào jīngjì tèqū kǎochá, kànzhe tèqū kuàisù de fā zhǎn, zhè gèngjiā jiāndìngle dèngxiǎopíng gǎo jīngjì tèqū de xiǎngfǎ, érhòu hái suí zhī shèlìle qítā de jīngjì tèqū, kāifàng shuǐpíng yě yuè lái yuè gāo, duì zhōngguó de fā zhǎn qǐ dàole jùdà de tuīdòng zuòyòng.

HONG KONG HANDOVER (香港回归)

1	中国人	Zhōngguó rén	Chinese
2	铭记	Míngjì	Engrave on one's mind; always remember
3	侵略者	Qīnlüè zhě	Aggressor; invader
4	强占	Qiángzhàn	Forcibly occupy; seize; grasp
5	祖国	Zǔguó	Mother country; one's country; homeland; native land
6	怀抱	Huáibào	Embrace; carry in the arms
7	促成	Cùchéng	Help to bring about; facilitate; help to materialize
8	我们的	Wǒmen de	Ours
9	同志	Tóngzhì	Comrade
10	南京条约	Nánjīng tiáoyuē	The Sino-British Treaty of Nanking (18420; Treaty of Nanjing ending the Opium War (1842)
11	被迫	Bèi pò	Be compelled; be forced; be constrained; be coerced
12	割让	Gēràng	Cede
13	初生	Chūshēng	Nascent; primary; newborn
14	遭到	Zāo dào	Suffer; meet with; encounter
15	资本主义国家	Zīběn zhǔyì guójiā	Capitalistic state; capitalist country
16	孤立	Gūlì	Isolated; solitary; separate; isolate
17	收回	Shōuhuí	Take back; call in; recover; retrieve
18	搁浅	Gēqiǎn	Stranded; stranding; aground; beach
19	建交	Jiànjiāo	Establish diplomatic relations

20	尤其是	Yóuqí shì	In particular; the more so; to crown all
21	缓和	Huǎnhé	Relax; allay; calm; ease up
22	租界	Zūjiè	Concession; foreign settlement; leased territory
23	香港	Xiānggǎng	Hong Kong
24	日期	Rìqí	Date
25	日程	Rìchéng	Schedule; agenda for the day
26	英国人	Yīngguó rén	Saxon; British; the English: Englishman or Englishwoman
27	傲慢	Àomàn	Arrogant; haughty; overbearing
28	极大	Jí dà	Maximum
29	破坏	Pòhuài	Destroy; wreck; ruin; do great damage to
30	资本主义制度	Zīběn zhǔyì zhìdù	Capitalist system; capitalistic system
31	实行	Shíxíng	Put into practice; carry out; implement
32	社会主义制度	Shèhuì zhǔyì zhìdù	Socialist system
33	冲突	Chōngtú	Clash; conflict; collide
34	强行	Qiángxíng	Force; jam; break
35	好处	Hǎochù	Good; benefit; advantage;
36	退步	Tuìbù	Lag behind; fall behind; retrogress
37	创造性	Chuàngzàoxìng	Creativeness; creativity
38	一国两制	Yīguó liǎngzhì	One nation, two systems; the "one country, two systems" policy
39	也就是	Yě jiùshì	Namely; i.e.; that is
40	过渡期	Guòdù qī	Intermediate stage; transition period; layoff period

41	原本	Yuánběn	Original manuscript; master copy
42	台湾	Táiwān	Taiwan
43	没想到	Méi xiǎngdào	Have not expected or thought of
44	撒切尔	Sā qiè ěr	Thatcher
45	谈话	Tánhuà	Conversation; talk; chat; statement
46	言语	Yányǔ	Speak; talk; answer
47	锋利	Fēnglì	Sharp; keen
48	强硬	Qiángyìng	Strong; flinty; tough; unyielding
49	主权	Zhǔquán	Sovereign rights; sovereignty
50	商量	Shāngliáng	Consult; discuss; talk over
51	余地	Yúdì	Leeway; margin; room; latitude
52	据说	Jùshuō	It is said; they say; allegedly
53	气势	Qìshì	Momentum; imposing manner
54	夫人	Fūrén	Lady; Madame; madam; concubines of an emperor
55	延期	Yánqí	Postpone; defer; put off; delay
56	答应	Dāyìng	Answer; reply; respond
57	按期	Ànqí	On time; on schedule
58	归还	Guīhuán	Return; revert; send back; give back

Chinese (中文)

1997 年 7 月 1 日，这是所有中国人都应该铭记的一天。被外国侵略者强占 155 年的香港，在这一天，终于回到了祖国母亲的怀抱。而一手促成香港回归的，便是我们的邓小平同志。

早在 1842 年的《南京条约》，香港就被迫割让给英国。尽管新中国成立后，香港也并没有被收回来。因为初生的新中国，遭到了美国和一些西方资本主义国家的孤立和打压，所以收回香港一事一直被搁浅。

直到 1979 年，这一年中美建交。我国和其他各国，尤其是西方资本主义国家关系才不断的缓和。

这一年距离英国租界香港的日期，不到 20 年。香港回归的事，也该提上日程了。但是英国人傲慢的认为，如果 1997 年中国收回香港的话，将会对香港的发展造成极大的破坏，因为香港实施了这么久的资本主义制度，与我国实行的社会主义制度相冲突，强行收回没有好处。

但是邓小平并没有退步，而是创造性的提出了一国两制的想法，也就是一个国家两种制度，在过渡期，香港仍然实行资本主义制度。原本这一国两制是为台湾而设定的，没想到先用在了香港上面。

邓小平在与英国首相撒切尔夫人谈话时，虽然撒切尔夫人的言语非常锋利，但是邓小平也十分强硬，对撒切尔夫人说道，香港必须回归，这涉及的是主权问题，再也没有半分商量的余地，如何处理香港问题是中国的事情。

据说邓小平的气势把撒切尔夫人都给震住了，原本以为能够延期的撒切尔夫人，不得不答应邓小平，按期归还香港。

Pinyin (拼音)

1997 Nián 7 yuè 1 rì, zhè shì suǒyǒu zhòng guó rén dōu yīnggāi míngjì de yītiān. Bèi wàiguó qīnlüè zhě qiángzhàn 155 nián de xiānggǎng, zài zhè yītiān, zhōngyú huí dàole zǔguó mǔqīn de huáibào. Ér yīshǒu cùchéng xiānggǎng huíguī de, biàn shì wǒmen de dèngxiǎopíng tóngzhì.

Zǎo zài 1842 nián de "nánjīng tiáoyuē", xiānggǎng jiù bèi pò gēràng gěi yīngguó. Jǐnguǎn xīn zhōngguó chénglì hòu, xiānggǎng yě bìng méiyǒu bèi shōuhuílái. Yīnwèi chūshēng de xīn zhōngguó, zāo dàole měiguó hé yīxiē xīfāng zīběn zhǔyì guójiā de gūlì hé dǎyā, suǒyǐ shōuhuí xiānggǎng yīshì yīzhí bèi gēqiǎn.

Zhídào 1979 nián, zhè yī nián zhōng měi jiànjiāo. Wǒguó hé qítā gèguó, yóuqí shì xīfāng zīběn zhǔyì guójiā guānxì cái bùduàn de huǎnhé.

Zhè yī nián jùlí yīngguó zūjiè xiānggǎng de rìqí, bù dào 20 nián. Xiānggǎng huíguī de shì, yě gāi tí shàng rìchéngle. Dànshì yīngguó rén àomàn de rènwéi, rúguǒ 1997 nián zhōngguó shōuhuí xiānggǎng dehuà, jiāng huì duì xiānggǎng de fǎ zhǎn zàochéng jí dà de pòhuài, yīnwèi xiānggǎng shíshīle zhème jiǔ de zīběn zhǔyì zhìdù, yǔ wǒguó shíxíng de shèhuì zhǔyì zhìdù xiāng chōngtú, qiángxíng shōu huí méiyǒu hǎochù.

Dànshì dèngxiǎopíng bìng méiyǒu tuìbù, ér shì chuàngzàoxìng de tíchūle yīguóliǎngzhì de xiǎngfǎ, yě jiùshì yīgè guójiā liǎng zhǒng zhìdù, zài guòdù qī, xiānggǎng réngrán shíxíng zīběn zhǔyì zhìdù. Yuánběn zhè yīguóliǎngzhì shì wèi táiwān ér shè dìng de, méi xiǎngdào xiān yòng zàile xiānggǎng shàngmiàn.

Dèngxiǎopíng zài yǔ yīngguó shǒuxiàng sā qiè ěr fūrén tánhuà shí, suīrán sā qiè ěr fūrén de yányǔ fēicháng fēnglì, dànshì dèngxiǎopíng yě shífēn qiángyìng, duì sā qiè ěr fūrén shuōdao, xiānggǎng bìxū huíguī, zhè shèjí de shì zhǔquán wèntí, zài yě méiyǒu bànfēn shāngliáng de yúdì, rúhé chǔlǐ xiānggǎng wèntí shì zhōngguó de shìqíng.

Jùshuō dèngxiǎopíng de qìshì bǎ sā qiè ěr fūrén dōu gěi zhèn zhùle, yuánběn yǐwéi nénggòu yánqí de sā qiè ěr fūrén, bùdé bù dāyìng dèngxiǎopíng, ànqí guīhuán xiānggǎng.

INVITED TO THE UNITED STATES (应邀赴美)

1	之所以	Zhī suǒyǐ	The reason why
2	顺利	Shùnlì	Plain sailing; smooth going; without a hitch; smoothly
3	建交	Jiànjiāo	Establish diplomatic relations
4	大势所趋	Dàshì suǒqū	Represent the general trend
5	促成	Cùchéng	Help to bring about; facilitate; help to materialize
6	不懈努力	Bùxiè nǔlì	Unremitting efforts; hardworking
7	尤其是	Yóuqí shì	In particular; the more so; to crown all
8	极大	Jí dà	Maximum
9	推动	Tuīdòng	Push forward; promote; give impetus to; goose
10	美国总统	Měiguó zǒngtǒng	The US President
11	卡特	Kǎtè	Carter
12	国会	Guóhuì	Parliament; Congress; the Diet
13	不愿意	Bù yuànyì	Reluctant; not willing; unwilling
14	自作主张	Zìzuò zhǔzhāng	Have one's own way of doing things; act on one's own; decide all by oneself
15	商议	Shāngyì	Confer; discuss; deliberate
16	借助	Jièzhù	Have the aid of; draw support from; with the help of
17	邀请	Yāoqǐng	Invite
18	立马	Lìmǎ	Pull up a horse
19	春节	Chūnjié	The Spring Festival
20	习俗	Xísú	Custom; convention; habitude

21	家人	Jiārén	Family member; servant
22	团聚	Tuánjù	Reunite; unite; rally
23	时间点	Shíjiān diǎn	Point of time
24	由此可见	Yóu cǐ kějiàn	Thus, it can be seen; from here we see that
25	这次	Zhè cì	This time; present; current
26	针锋相对	Zhēnfēng xiāngduì	Give tit for tat; be diametrically opposed to
27	下来	Xiàlái	Come down; come from a higher place; go among the masses
28	好好	Hǎohǎo	In perfectly good condition; all out; to one's heart's content
29	商谈	Shāngtán	Exchange views; confer; discuss; talk over
30	反而	Fǎn'ér	On the contrary; instead; but
31	美国人	Měiguó rén	American
32	适应	Shìyìng	Suit; adapt; get with it; fit
33	尊重	Zūnzhòng	Respect; value; esteem
34	亲吻	Qīnwěn	Kiss
35	所有人	Suǒyǒu rén	Owner; proprietary; proprietor; proprietress; everyone
36	为之动容	Wéi zhī dòngróng	Become interested and show so in one's facial expression
37	他们的	Tāmen de	Their; theirs
38	包容	Bāoróng	Pardon; forgive; tolerate
39	自己的	Zìjǐ de	Self
40	狭隘	Xiá'ài	Narrow; narrow and limited
41	赢得	Yíngdé	Gain; win; obtain
42	之后	Zhīhòu	Later; after; afterwards
43	开展	Kāizhǎn	Develop; launch; unfold; promote
44	奠定	Diàndìng	Establish; settle; make firm or

		stable
45	良好	Liánghǎo	Good; fine

Chinese (中文)

中美之所以能够顺利建交，除了大势所趋，还有一个重要的促成原因，那便是邓小平的不懈努力。尤其是邓小平的赴美，极大的推动了中美的建交。

其实当时的美国总统卡特希望与中国建交，但是国会中有很多人都不愿意，卡特总统也不能自作主张，于是卡特总统邀请邓小平访美，具体商议此事，同时也想借助邓小平的力量促成中美的建交。

邓小平在受到邀请后立马做出了赴美的决定，时间便是：春节。按照中国的习俗，春节应该是和家人团聚的时候，而邓小平却选择在这个时间点赴美，由此可见邓小平对这次赴美的重视。

由于美国和中国此前一直都是针锋相对，现在要坐下来好好商谈反而让美国人不太适应。但是邓小平却 z 用他的行为，赢得了美国人的尊重。

在一次舞台表演上，邓小平先生深情地亲吻了上来拥抱他的一名美国儿童，这个举动让在场的所有人都为之动容，他们看到了中国对他们的包容和友好，同时也看到了自己的狭隘和无知。

邓小平此次访美，赢得了美国人的尊重，同时也为之后的中美建交能够顺利的开展奠定了良好的基础。

Pinyin (拼音)

Zhōng měi zhī suǒyǐ nénggòu shùnlì jiànjiāo, chúle dàshìsuǒqū, hái yǒu yīgè zhòngyào de cùchéng yuányīn, nà biàn shì dèngxiǎopíng de bùxiè nǔlì. Yóuqí shì dèngxiǎopíng de fǔ měi, jí dà de tuīdòngle zhōng měide jiànjiāo.

Qíshí dāngshí dì měiguó zǒngtǒng kǎtè xīwàng yǔ zhōngguó jiànjiāo, dànshì guóhuì zhōng yǒu hěnduō rén dōu bù yuànyì, kǎtè zǒngtǒng yě bùnéng zìzuò zhǔzhāng, yúshì kǎtè zǒngtǒng yāoqǐng dèngxiǎopíng fǎng měi, jùtǐ shāngyì cǐ shì, tóngshí yě xiǎng jièzhù dèngxiǎopíng de lìliàng cùchéng zhōng měide jiànjiāo.

Dèngxiǎopíng zài shòudào yāoqǐng hòu lìmǎ zuò chūle fǔ měi de juédìng, shíjiān biàn shì: Chūnjié. Ànzhào zhōngguó de xísú, chūnjié yīnggāi shì hé jiārén tuánjù de shíhòu, ér dèngxiǎopíng què xuǎnzé zài zhège shíjiān diǎn fǔ měi, yóu cǐ kějiàn dèngxiǎopíng duì zhè cì fǔ měi de zhòngshì.

Yóuyú měiguó hé zhōngguó cǐqián yīzhí dōu shì zhēnfēngxiāngduì, xiànzài yào zuò xiàlái hǎohǎo shāngtán fǎn'ér ràng měiguó rén bù tài shìyìng. Dànshì dèngxiǎopíng què z yòng tā de xíngwéi, yíngdéle měiguó rén de zūnzhòng.

Zài yīcì wǔtái biǎoyǎn shàng, dèngxiǎopíng xiānshēng shēnqíng de qīnwěnle shànglái yǒngbào tā de yī míng měiguó értóng, zhège jǔdòng ràng zàichǎng de suǒyǒu rén dōu wéi zhī dòngróng, tāmen kàn dàole zhōngguó duì tāmen de bāoróng hé yǒuhǎo, tóngshí yě kàn dàole zìjǐ de xiá'ài hé wúzhī.

Dèngxiǎopíng cǐ cì fǎng měi, yíngdéle měiguó rén de zūnzhòng, tóngshí yě wéi zhīhòu de zhōng měi jiànjiāo nénggòu shùnlì de kāizhǎn diàndìngle liánghǎo de jīchǔ.

DENG XIAOPING'S TALKS IN THE SOUTH (南方谈话)

1	高龄	Gāolíng	Advanced age; advanced in years; venerable age
2	退出	Tuìchū	Withdraw from; bow out; secede; quit
3	领导人	Lǐngdǎo rén	Leader
4	奔走	Bēnzǒu	Run
5	在工作	Zài gōngzuò	At work
6	旅途	Lǚtú	Journey; trip
7	赋予	Fùyǔ	Give; endow; entrust
8	使命	Shǐmìng	Mission
9	不得不去	Bùdé bù qù	Be obliged to go
10	愈发	Yù fā	All the more; even more; further
11	解体	Jiětǐ	Disassembly; disintegrate; break up; dismantle
12	阵营	Zhènyíng	A group of people who pursue a common interest; camp
13	土崩瓦解	Tǔbēng wǎjiě	Crumble; be disintegrated; break up; collapse like a house of cards
14	一系列	Yī xìliè	Series; tail; round; a series of
15	接连	Jiēlián	On end; in a row; in succession; running
16	深思	Shēnsī	Think deeply about; ponder deeply over
17	何去何从	Héqùhé cóng	Decide on what path to follow
18	毅然	Yìrán	Resolutely; firmly; determinedly
19	人民	Rénmín	The people
20	证明	Zhèngmíng	Prove; testify; bear out; certificate

21	决策	Juécè	Make policy; make a strategic decision; decide a policy; make policy decisions
22	正确	Zhèngquè	Exactness; correct; right; proper
23	坚定不移	Jiāndìng bù yí	Not to move or retreat; firm and unshakable; hold the line
24	继续	Jìxù	Continue; go on; keep on; proceed
25	走下去	Zǒu xiàqù	Keep on going
26	列车	Lièchē	Train
27	上海	Shànghǎi	Shanghai
28	珠海	Zhūhǎi	Zhuhai
29	促成	Cùchéng	Help to bring about; facilitate; help to materialize
30	开拓进取	Kāità jìnqǔ	Forge ahead
31	生活水平	Shēnghuó shuǐpíng	Living standard; standard of living
32	坚定	Jiāndìng	Firm; staunch; steadfast
33	南方	Nánfāng	South; the southern part of the country
34	发表	Fābiǎo	Publish; report; deliver; project
35	讲话	Jiǎnghuà	Speak; talk; address
36	自信心	Zìxìn xīn	Self-confidence
37	社会主义	Shèhuì zhǔyì	Socialism
38	轨道	Guǐdào	Track; pathway; rail; runway
39	诗篇	Shīpiān	Poem
40	天地间	Tiāndì jiān	The world
41	滚滚	Gǔngǔn	Roll; billow; surge
42	春潮	Chūn cháo	Spring tide
43	征途	Zhēngtú	Journey
44	扬起	Yáng qǐ	Kick up; elevate

45	浩浩	Hào hào	(Of waters) vast and torrential; (of outer space) extensive; endless
46	风帆	Fēngfān	Sweep
47	盛世	Shèngshì	Flourishing age; heyday

Chinese (中文)

时间来到 1992 年，这个时候的邓小平已经有八十八岁高龄了，也已经退出了核心领导人的角色，但是他依然奔走在工作的旅途中，因为这是历史赋予他的使命，他不得不去。这一行，是南下。

二十世纪九十年代初的中国和世界，都很不太平，中国的改革开放面临着很大的挑战，改革之路愈发艰难。同时，苏联解体，社会主义阵营土崩瓦解，一系列的问题接连发生，这不禁让人深思，社会主义何去何从，中国又该何去何从。

所以邓小平毅然决定南下，向人民证明改革开放的决策是正确的，我们应该坚定不移的继续走下去。

邓小平坐着南下的列车，直奔上海、深圳、珠海等地。这些地方都是他一手促成改革开拓进取的，看到如今的蒸蒸日上，经济水平不断发展，人民生活水平不断提高，也更加坚定了邓小平的决心。

邓小平在南方发表了一系列的讲话，在思想领域拨乱返正，增强人们的自信心，使得改革开放和社会主义事业重新回到正确的轨道。

"1992 年又是一个春天，有一位老人在中国的南海边写下诗篇，天地间荡起滚滚春潮，征途上扬起浩浩风帆……"

歌曲中的这位老人，就是指的邓小平，今天，我想对邓小平爷爷说道："这盛世，如您所愿！"

Pinyin (拼音)

Shíjiān lái dào 1992 nián, zhège shíhòu de dèngxiǎopíng yǐjīng yǒu bāshíbā suì gāolíngle, yě yǐjīng tuìchūle héxīn lǐngdǎo rén de juésè, dànshì tā yīrán bēnzǒu zài gōngzuò de lǚtú zhōng, yīnwèi zhè shì lìshǐ fùyǔ tā de shǐmìng, tā bùdé bù qù. Zhè yīxíng, shì nánxià.

Èrshí shìjì jiǔshí niándài chū de zhōngguó hé shìjiè, dōu hěn bù tàipíng, zhōngguó de gǎigé kāifàng miànlínzhe hěn dà de tiǎozhàn, gǎigé zhī lù yù fā jiānnán. Tóngshí, sūlián jiětǐ, shèhuì zhǔyì zhènyíng tǔbēngwǎjiě, yī xìliè de wèntí jiēlián fāshēng, zhè bùjīn ràng rén shēnsī, shèhuì zhǔyì héqùhécóng, zhōngguó yòu gāi héqùhécóng.

Suǒyǐ dèngxiǎopíng yìrán juédìng nánxià, xiàng rénmín zhèngmíng gǎigé kāifàng de juécè shì zhèngquè de, wǒmen yīnggāi jiāndìng bù yí de jìxù zǒu xiàqù.

Dèngxiǎopíng zuòzhe nánxià dì lièchē, zhí bēn shànghǎi, shēnzhèn, zhūhǎi děng dì. Zhèxiē dìfāng dōu shì tā yīshǒu cùchéng gǎigé kāità jìnqǔ de, kàn dào rújīn de zhēngzhēngrìshàng, jīngjì shuǐpíng bùduàn fāzhǎn, rénmín shēnghuó shuǐpíng bùduàn tígāo, yě gèngjiā jiāndìngle dèngxiǎopíng de juéxīn.

Dèngxiǎopíng zài nánfāng fābiǎole yī xìliè de jiǎnghuà, zài sīxiǎng lǐngyù bō luàn fǎn zhèng, zēngqiáng rénmen de zìxìn xīn, shǐdé gǎigé kāifàng hé shèhuì zhǔyì shìyè chóngxīn huí dào zhèngquè de guǐdào.

"1992 Nián yòu shì yīgè chūntiān, yǒuyī wèi lǎorén zài zhōngguó de nánhǎi biān xiě xià shīpiān, tiāndì jiān dàng qǐ gǔngǔn chūn cháo, zhēngtú shàngyáng qǐ hào hào fēngfān……"

Gēqǔ zhōng de zhè wèi lǎorén, jiùshì zhǐ de dèngxiǎopíng, jīntiān, wǒ xiǎng duì dèngxiǎopíng yéyé shuōdao:"Zhè shèngshì, rú nín suǒ yuàn!"

www.QuoraChinese.com